단국한국어 첫걸음

단국한국어 첫걸음

2024년 8월 20일 초판 인쇄
2024년 8월 25일 초판 발행

지은이 _ 홍승아
펴낸이 _ 안순철
기 획 _ 양영유
제 작 _ 성두현
편 집 _ 임현수
마케팅 _ 이어진
펴낸곳 _ 단국대학교출판부
등 록 _ 1968.2.27 : No. 제03-00095호
주 소 _ 경기도 용인시 수지구 죽전로 152
전 화 _ 031-8005-2405
팩 스 _ 031-8021-7154

값 7,000원

ISBN 978-89-7092-842-5 03710

단국한국어 첫걸음

홍승아

단국대학교출판부

머리말

Preface

단국대학교 글로벌교육센터는 우수하고 매력 넘치는 강사진, 아름다운 캠퍼스, 다양한 편의 시설 및 프로그램으로 여러 국가에서 온 학생들에게 사랑 받는 한국어 교육 기관입니다. 우리 센터에서 그동안 축적해온 한국어 교육의 성과와 노하우를 바탕으로 시대 변화와 단국대학교의 장점을 반영한 새로운 교재 『단국한국어』를 편찬하게 되었습니다. 본 교재 『단국한국어 첫걸음』은 한국어 자모인 한글을 별도로 익히기 원하는 학생들을 위하여 『단국한국어 1-가』에 수록된 한글 단원을 별도의 책으로 분리한 것입니다.

이 교재의 집필은 한국어 교육 분야에서 오래도록 연구와 교육을 해 오신 홍승아 교수님께서 해 주셨습니다. 한국어를 처음 접하는 외국인 학습자들이 한글이 무엇인지 알고 한글의 자모를 쉽게 익힐 수 있도록 제자 원리부터 발음, 형태, 쓰기와 읽기 연습에 이르기까지 풍부한 내용을 통하여 학습 효과를 극대화하고자 하였습니다.

『단국한국어 첫걸음』은 한글이 창제된 배경부터 제자 원리를 설명하고 모음과 자음을 각각 3개씩 나누어 복잡성과 학습 난이도에 따라 순차적으로 학습한 후 마지막으로 받침을 배우도록 하였습니다. 외국인 학습자가 참고할 수 있는 발음의 팁과 다양한 연습이 수록되어 있으며 4개의 종합연습을 통하여 학습자들이 학습한 내용을 통합하여 한국어 음절에 익숙해질 수 있게 돕고 학습한 결과를 확인해 볼 수 있도록 하였습니다.

짧은 내용이나 이 교재를 위해 많은 분들께서 도와주셨습니다. 교재의 출간을 위해 많은 지원을 해 주신 단국대학교 안순철 총장님과 김재일 대외부총장님, 조한승 처장님께 특별히 감사의 말씀을 전합니다. 정확한 발음으로 한국어를 처음 배우는 학생들에게 좋은 음성 자료를 제공하고자 수고해 주신 김하늘 성우님과 황영국 학생, 음원 관리 및 녹음을 도와준 안지희 조교님, 세련된 감각으로 삽화를 그려 준 윤예원 디자이너님께도 감사드립니다. 무엇보다 교재 출간을 위해 힘써주신 성두현 팀장님과 단국대학교출판부에도 감사의 말씀을 전합니다.

이 교재가 한국어를 처음 접하는 외국인 학습자들에게 한국어와 한국 문화에 더 가까워지도록 돕는 역할을 하길 바랍니다.

2024년도 여름에

단국대학교 국제처 글로벌교육센터장 유혜원

차례

Contents

08 한글 소개

Introduction to Hangeul

한글을 배워요
Learn Hangul

모범답안
Answer Key

한글(Hangeul) 소개

한글이 뭐예요?

What's the Hangeul?

한글은 한국어를 표기하기 위해서 사용하는 문자입니다. 한글의 원래 이름은 백성을 가르치는 글이란 뜻을 가진 '훈민정음'입니다. 훈민정음은 입 모양과 조음 기관을 관찰한 후 소리 나는 대로 만든 표음문자로 원리만 알면 누구나 쉽게 익힐 수 있습니다.

Hangeul is the writing system used for the Korean language. The original name of Hangul is "Hunminjeongeum", which means the proper sounds for the instruction of the people. Hunminjeongeum is a phonetic script designed to reflect the sounds of the spoken Korean language. It is based on the observation of shapes that the mouth forms and the articulation of organs invovled in speech. Anyone who understands the principles of how Hangeul was designed can easily learn it.

만든 사람과 만들어진 시기를 알 수 있다는 점이 다른 문자들과 다른 한글의 특징입니다.

What distinguishes Hangeul from other scripts is that its creator and creation date were well documented.

누가, 언제 만들었어요?

Who created Hangeul, and when was it created?

한글은 백성을 사랑하는 마음으로 세종대왕과 학자들이 만든 문자입니다. 훈민정음이라는 이름으로 한글이 만들어진 것은 1443년 음력 12월이고 이후에 글자를 다시 다듬고 자세한 풀이를 하여 1446년 음력 9월 10일, 『훈민정음』이라는 책으로 국민에게 널리 반포하였습니다. 현재, 이 날을 양력으로 환산하여 10월 9일을 한글날로 정하여 기념하고 있습니다.

Hangeul is a script created by King Sejong and a team of scholars with a heart that loves the people. Hangeul was first created under the name Hunminjeongeum in December 1443 according to the lunar calendar. After further refinement of the characters and detailed explanations, King Sejong published it was published on September 10, 1446 in an official book titled 'Hunminjeongeum.' Currently, October 9 is celebrated as Hangeul Day, with the date converted to correspond with the the solar calendar.

세종대왕은 왜 한글을 만들었을까요?

Why did King Sejong create Hangeul?

약 600년 전, 조선(한국의 옛날 이름)에서 사람들은 말은 있으나 말을 적어낼 글자가 없어 중국의 글자인 한자를 빌려 쓰고 있었습니다. 하지만 한자는 글자가 많고 어려워서 백성들은 배우기가 어려웠습니다. 세종대왕은 백성들이 글을 읽거나 쓰지 못하는 것을 매우 안타깝게 생각하였습니다.

About 600 years ago, in the Joseon dynasty of Korea, people used Chinese characters because they did not have their own alphabet for writing.

However, the Chinese language included a vast number of complex characters, so it was challenging for the average citizen to learn. King Sejong felt deeply sorry that his people were unable to read and write.

한글(Hangeul) 소개

세종대왕은 백성들을 바로 가르치려면 우리글과 책이 있어야 한다고 주장하였습니다. 그는 능력이 뛰어난 인재를 뽑아서 집현전에서 배우기 쉽고 사용하기 쉬운 글자를 만들도록 했습니다. 세종대왕 또한 학자들과 함께 오랜 시간 동안 조선의 말에 맞는 글자를 만들기 위해 노력하였습니다. 마침내 1443년에 한글이 완성되어 발표되자 백성들은 글을 쉽게 배울 수 있게 되었습니다.

King Sejong argued that Korea needed its own script in order to properly educate the people. He selected talented individuals and worked together at the Jiphyeonjeon to create a writing system that was easy to learn and use. King Sejong also worked with scholars for a long time to create letters that best suited the sounds of spoken Korean. Finally, Hangeul was completed and published in 1446, and since then, the people were able to learn to read and write more easily.

집현전

한글은 어떻게 만들었어요?

How was Hangeul created?

한글의 모음은 점(·)과 가로(ㅡ), 세로(ㅣ)의 선으로 이루어져 있습니다. 이들은 각각 하늘, 땅, 사람의 모양을 형상화한 기본 글자입니다.

The vowels in Hangeul consist of a dot (·), a horizontal line (ㅡ), and a vertical line (ㅣ), representing heaven, earth, and humanity, respectively.

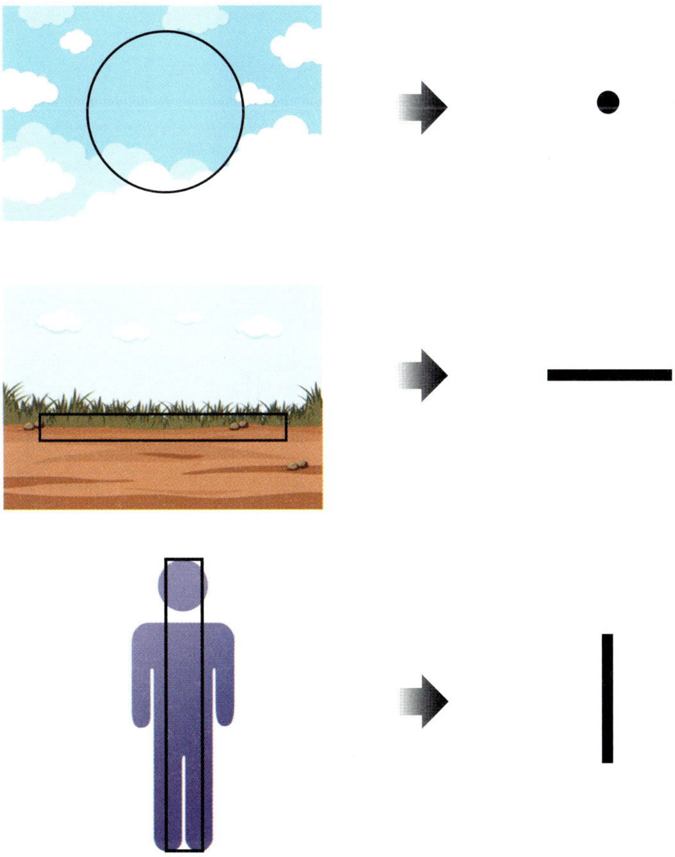

한글(Hangeul) 소개

이 세 개의 기본 글자를 조합하여 다음과 같이 여러 모음을 만듭니다.

The combination of these three basic letters creates multiple vowels as follows.

ㅣ + ㆍ → ㅏ

ㆍ + ㅣ → ㅓ

ㆍ + ㅡ → ㅗ

ㅡ + ㆍ → ㅜ

ㅗ + ㅏ → ㅘ

ㅜ + ㅓ → ㅝ

자음의 기본 글자는 ㄱ, ㄴ, ㅁ, ㅅ, ㅇ입니다. 이 글자들은 발음 기관의 모양을 본떠 만들었습니다. 그리고 기본 글자에 획을 추가하거나 같은 기본 글자 2개를 나란히 쓰는 방식으로 다른 자음을 만들었습니다.

The basic consonants are ㄱ, ㄴ, ㅁ, ㅅ, and ㅇ. These letters are modeled after the shapes of the pronunciation organs. And different consonants are made by adding strokes to these basic consonants or by writing two of the same basic consonants side by side.

조음 위치	기본 글자	획을 추가해서 만든 글자		같은 글자를 2개 써서 만든 글자
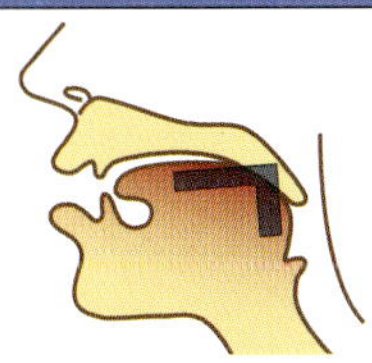	ㄱ		ㅋ	ㄱ + ㄱ → ㄲ
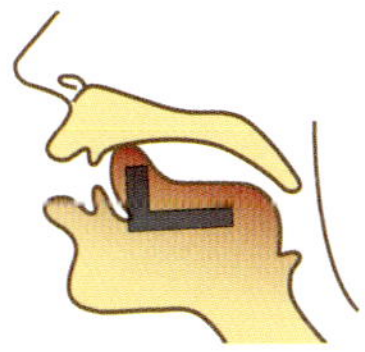	ㄴ	ㄷ ㄹ	ㅌ	ㄷ + ㄷ → ㄸ
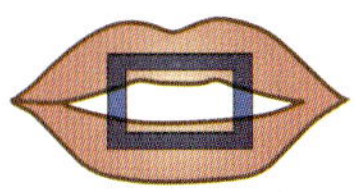	ㅁ	ㅂ	ㅍ	ㅂ + ㅂ → ㅃ
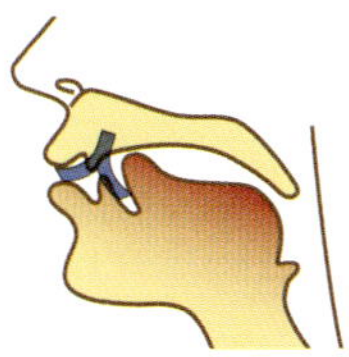	ㅅ	ㅈ	ㅊ	ㅅ + ㅅ → ㅆ ㅈ + ㅈ → ㅉ
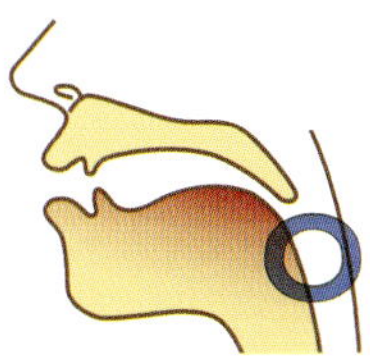	ㅇ		ㅎ	

한글(Hangeul) 소개

한글은 어떻게 사용하나요?

How is Hangeul used?

한글은 자음과 모음을 조합하여 음절을 만들고, 쓸 때는 음절 단위로 써야 합니다. 음절은 '모음', '자음+모음', '모음+자음', '자음+모음+자음' 네 가지로 나누어 집니다. 모음은 자음을 왼쪽에 쓰는 모음과 위쪽에 쓰는 모음이 있습니다.

Hangeul consists of a combination of consonants and vowels that form syllables. Hangeul must be written in complete syllable units when writing.

The syllable units are formed in four ways: 'vowel,' 'consonant+vowel,' 'vowel+consonant,' and 'consonant+vowel+consonant.' Vowels have 2 type: Vowels that uses a consonant on the left of it and Vowels that uses a consonant on the top of it.

C V 가, 너, 대, 랴

C
V 모, 부, 쇼, 휴

한글의 음절은 자음의 자리와 모음의 자리가 정해져 있기 때문에 음절이 모음으로 시작될 때는 소리 없는 'ㅇ'을 자음 자리에 씁니다.

The positions of consonants and vowels are fixed in Korean syllables. Thus, when a syllable begins with a vowel, a silent 'ㅇ' is used in the consonant position.

	자음을 왼쪽에 쓰는 모음		자음을 위쪽에 쓰는 모음	
모음	V	아	V	오
자음 + 모음	C V	가	C / V	구
모음 + 자음	V C	억	V / C	음

모음 다음에 오는 자음은 '받침'이라고 하며 받침은 모음 아래에 씁니다.

Consonants that follow a vowel are called 'batchim,' and these consonants are written under the vowel.

	자음을 왼쪽에 쓰는 모음		자음을 위쪽에 쓰는 모음	
자음 + 모음 + 자음	C V / C	단	C / V / C	국

한글을 배워요

1. 모음 1

글 자	ㅏ	ㅓ	ㅗ	ㅜ	ㅡ	ㅣ
소 리	[a]	[ə]	[o]	[u]	[ɯ]	[i]

연습 1 듣고 따라 하세요.
Listen and repeat.

아 어 오 우 으 이

연습 2 쓰세요.
Write.

아	아	아	아			
어	어	어				
오	오	오				
우	우	우				
으	으	으				
이	이	이				

연습 3 읽고 쓰세요.

Read and write.

5	오 Five	오	
	이 Teeth	이	
	아이 Child	아이	
	오이 Cucumber	오이	

한글을 배워요

연습 4 듣고 맞는 소리를 찾으세요.
Listen carefully and find the correct sound.

〈보기〉 아 / 오

1) 아 / 어

2) 으 / 이

3) 오 / 어

4) 아 / 오 / 어

5) 우 / 으

6) 우 / 이 / 으

2. 자음 1

글자	ㄱ	ㄴ	ㄷ	ㄹ	ㅁ	ㅂ	ㅅ	ㅇ	ㅈ	ㅎ
소리	[k/g]	[n]	[t/d]	[r/l]	[m]	[p/b]	[s]	[ø/ŋ]	[ʧ/j]	[h]

연습 1 듣고 따라 하세요.
Listen and repeat.

가 나 다 라 마 바 사 아 자 하

연습 2 쓰세요.
Write.

	ㅏ	ㅓ	ㅗ	ㅜ	ㅡ	ㅣ
ㄱ	가					
ㄴ			노			
ㄷ						
ㄹ					르	
ㅁ		머				
ㅂ						
ㅅ						시
ㅇ						
ㅈ				주		
ㅎ						

한글을 배워요

연습 3 읽고 쓰세요.

Read and write.

	가구 Furniture	가구		
	고기 Meat	고기		
	가수 Singer	가수		
	누나 Older sister	누나		
	나라 Country	나라		
	나무 Tree	나무		
	다리 Leg	다리		

	도로 Road	도로		
	라디오 Radio	라디오		
	거리 Street	거리		
	머리 Head	머리		
	부모 Parent	부모		
	모자 Hat	모자		
	바나나 Banana	바나나		

한글을 배워요

	바지 Pants	바지		
	소 Cow	소		
	소리 Sound	소리		
	어머니 Mother	어머니		
	아버지 Father	아버지		
	지도 Map	지도		
	지하 Underground	지하		
	허리 Waist	허리		

[종합연습 1]

1. 선생님이 읽어 주는 단어를 찾아서 쓰세요.

Find and write down the words that your teacher reads for you.

다리 가구 아이 고기 오이 바나나 나무 아기 가수 나라

1) ____________ 2) ____________

3) ____________ 4) ____________

5) ____________ 6) ____________

7) ____________ 8) ____________

2. 읽으세요.

Read the words.

가수 / 고수	아이 / 아기	거리 / 머리
아버지 / 어머니	나라 / 나무	다리 / 도로

한글을 배워요

3. 모음 2

글 자	ㅑ	ㅕ	ㅛ	ㅠ
소 리	[ya]	[yə]	[yo]	[yu]

Tip. 이 모음들은 [이]를 짧고 약하게 소리낸 후 끊지 않고 바로 이어서 [아, 어, 오, 우]를 발음한다.
These vowels are produced by initially pronouncing a short and weak [이] sound, and then transitioning to the sound of [아, 어, 오, 우] without stopping.

연습 1 듣고 따라 하세요.
Listen and repeat.

야 여 요 유

연습 2 쓰세요.
Write.

야	야	야			
여	여	여			
요	요	요			
유	유	유			

연습 3 쓰세요.
Write.

	ㅑ	ㅕ	ㅛ	ㅠ
ㄱ		겨		
ㄷ				듀
ㅅ				

연습 4 읽고 쓰세요.
Read and write.

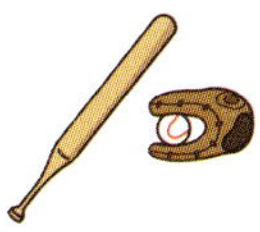	야구 Baseball	야구		
	이야기 Story	이야기		
	야자수 Palm tree	야자수		

한글을 배워요

	여자 Woman	여자		
	벼 Rice	벼		
	혀 Tongue	혀		
	요가 Yoga	요가		
	요리 Cooking	요리		
	교수 Professor	교수		
	우유 Milk	우유		
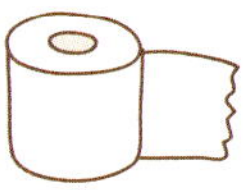	휴지 Toilet paper	휴지		

4. 자음 2

글 자	ㅋ	ㅌ	ㅍ	ㅊ
소 리	[kʰ]	[tʰ]	[pʰ]	[ʧʰ]

Tip. 이 자음들은 [ㄱ, ㄷ, ㅂ, ㅈ] 소리와 [ㅎ] 소리가 합해진 소리로, 입안의 공기를 아주 세게 밖으로 내보내면서 발음한다.

These consonants are the combination of the sounds [ㄱ, ㄷ, ㅂ, ㅈ] and [ㅎ], which should be pronounced by pushing the air out of the mouth with a strong puff.

연습 1 듣고 따라 하세요.
Listen and repeat.

카 타 파 차

연습 2 쓰세요.
Write.

	ㅏ	ㅓ	ㅗ	ㅜ	ㅡ	ㅣ	ㅑ	ㅛ
ㅋ	카							
ㅌ			토					
ㅍ					프			
ㅊ						치		

한글을 배워요

연습 3 읽고 쓰세요.

Read and write.

	카드 Card	카드		
	코 Nose	코		
	타조 Ostrich	타조		
	토마토 Tomato	토마토		
	커피 Coffee	커피		
	포도 Grape	포도		
	표 Ticket	표		

	파티 Party	파티		
	기차 Train	기차		
	치마 Skirt	치마		
	고추 Pepper	고추		

한글을 배워요

5. 자음 3

글 자	ㄲ	ㄸ	ㅃ	ㅆ	ㅉ
소 리	[k′]	[t′]	[p′]	[s′]	[ʧ′]

Tip. 이 자음들은 [ㄱ, ㄷ, ㅂ, ㅈ] 소리를 내면서 턱을 당기고 목에 힘을 줘서 성대를 긴장시키면서 발음한다.
These consonants are pronounced by tensioning the vocal cords with more force while producing the sounds of [ㄱ, ㄷ, ㅂ, ㅈ].

연습 1 듣고 따라 하세요.
Listen and repeat.

까　　따　　빠　　싸　　짜

연습 2 쓰세요.
Write.

	ㅏ	ㅓ	ㅗ	ㅜ	ㅡ	ㅣ	ㅕ	ㅛ
ㄲ	까							
ㄸ			또					
ㅃ					쁘			
ㅆ								
ㅉ						찌		

연습 3 읽고 쓰세요.
Read and write.

	토끼 Rabbit	토끼		
	코끼리 Elephant	코끼리		
	따다 Pick	따다		
	머리띠 Headband	머리띠		
	뿌리 Root	뿌리		
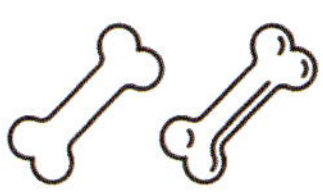	뼈 Bone	뼈		
	아빠 Daddy	아빠		

한글을 배워요

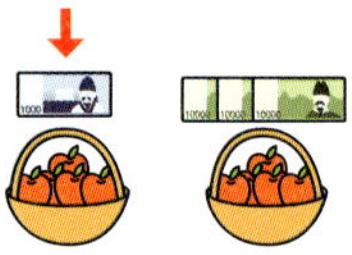	싸다 Cheap	싸다		
	아저씨 Uncle	아저씨		
	짜다 Salty	짜다		
	가짜 Fake	가짜		

[종합연습 2]

1. 선생님이 읽어 주는 단어를 찾아서 연결하세요.

Find the words that your teacher reads aloud and connect them in order.

이유 •

오빠 •

코 •

기차 •

• 우유

파티 •

• 찌다

벼 •

• 짜다

• 아빠

토끼 •

뼈 •

2. 읽으세요.

Read the words.

1) 가 / 카 /까 2) 다 / 타 / 따

3) 바 / 파 / 빠 4) 사 / 싸

5) 자 / 차 / 짜 6) 여우 / 여유

한글을 배워요

6. 모음 3

글 자	ㅐ	ㅔ	ㅒ	ㅖ	ㅘ	ㅙ	ㅝ	ㅞ	ㅚ	ㅟ	ㅢ
소 리	[ɛ]	[e]	[yɛ]	[ye]	[wa]	[wɛ]	[wə]	[we]	[we]	[wi]	[ɰi]

Tip. 모음 'ㅐ'와 'ㅔ'는 다른 소리지만 현대의 한국 사람들은 두 소리를 모두 [ɛ] 로 발음한다. 'ㅒ'와 'ㅖ'도 다른 소리지만 모두 [yɛ]로 발음한다. 'ㅙ'와 'ㅞ', 'ㅚ'도 구분하지 않고 [wɛ]로 발음한다.

The vowels 'ㅐ' and 'ㅔ'are different sounds, but nowadays Koreans pronounce both sounds as [ɛ]. 'ㅒ' and 'ㅖ' are also different sounds, but they are all pronounced as [ye]. 'ㅙ', 'ㅞ', and 'ㅚ' are pronounced as [wɛ] without distinction.

연습 1 듣고 따라 하세요.

Listen and repeat.

애 에 얘 예 와 왜 워 웨 외 위 의

연습 2 쓰세요.

Write.

애	애				
에	에				
얘	얘				

예	예				
와	와				
왜	왜				
워	워				
웨	웨				
외	외				
위	위				
의	의				

한글을 배워요

연습 3 읽고 쓰세요.

Read and write.

	배 Ship	배		
	새 Bird	새		
	게 Cancer	게		
	그네 Swing	그네		
	카메라 Camera	카메라		
	얘기 Story	얘기		
	예쁘다 Pretty	예쁘다		

	서예 Calligraphy	서예		
	시계 Clock	시계		
	세계 World	세계		
	사과 Apple	사과		
	과자 Snacks	과자		
	화가 Painter	화가		
	왜 Why	왜		
	돼지 Pig	돼지		

한글을 배워요

	웨이터 Waiter	웨이터		
	스웨터 Sweater	스웨터		
	회사 Company	회사		
	귀 Ear	귀		
	가위 Scissors	가위		
	의사 Doctor	의사		
	의자 Chair	의자		

[종합연습 3]

1. 잘 듣고 같으면 ○, 다르면 × 하세요.

Listen carefully and if they are the same, mark ○, if they are different, mark ×.

1)	2)	3)	4)
나라	애기	시계	과자
(　　)	(　　)	(　　)	(　　)

2. 잘 듣고 알맞은 것을 찾아 번호를 쓰세요.

Listen carefully, find the correct answer and write its number.

돼지	스웨터	카메라	의자
(　　)	(　　)	(　　)	(　　)
회사	개	귀	
(　　)	(　　)	(　　)	

한글을 배워요

3. 잘 듣고 <보기>와 같이 맞는 단어를 고른 후 쓰세요.

Listen carefully, choose the correct word, such as <example>, and write it down.

<보기> 자다 차다	차	다

1) 애기 얘기

2) 회의 호의

3) 가구 가게

4) 취미 치마

5) 어제 어깨

6) 세기 세게

4. 읽으세요.

Read the words.

한글을 배워요

7. 받침

받침글자	ㄱ,ㅋ,ㄲ	ㄴ	ㄷ, ㅌ, ㅅ, ㅆ, ㅈ ,ㅊ, ㅎ	ㄹ	ㅁ	ㅂ, ㅍ	ㅇ
소 리	[k˺]	[n]	[t˺]	[l]	[m]	[p˺]	[ŋ]

연습 1 들으세요.
Listen.

[k˺] 벽 부엌 밖

[n] 눈

[t˺] 곧 밑 옷 낮 꽃 히읗

[l] 달

[m] 곰

[p˺] 집 잎

[ŋ] 방

연습 2 듣고 따라 하세요.

Listen and repeat.

1) 목, 밖
2) 눈
3) 곧, 빗, 낮, 빛, 밑
4) 말
5) 잠
6) 밥, 숲
7) 공, 빵
8) 저녁, 부엌
9) 인사
10) 듣다, 찾다
11) 겨울
12) 감기
13) 무릎
14) 방긋

연습 3 듣고 맞는 것을 고르세요.

Listen and choose the correct answer.

1) 간 / 갈
2) 넉 / 넙
3) 둠 / 둥
4) 숨 / 술
5) 입 / 잇

한글을 배워요

연습 4 쓰세요.
Write.

	가	노	려	부	새	와	휘
ㄱ	각						
ㄴ							
ㄷ							
ㄹ							
ㅁ		놈					
ㅂ							
ㅅ							

	가	노	려	부	새	와	휘
ㅇ						왕	
ㅈ							
ㅊ							
ㅋ							
ㅌ							
ㅍ							
ㅎ							
ㅆ							

한글을 배워요

연습 5 읽고 쓰세요.

Read and write.

	책 Book	책		
	학교 School	학교		
	부엌 Kitchen	부엌		
	돈 Money	돈		
	레몬 Lemon	레몬		
	우산 Umbrella	우산		
	곧 Soon	곧		

	빗 Comb	빗		
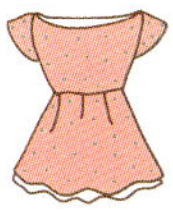	옷 Clothes	옷		
	낮 Daytime	낮		
	꽃 Flower	꽃		
	딸기 Strawberry	딸기		
	물 Water	물		
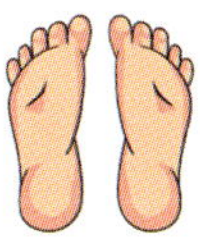	발 Foot	발		

한글을 배워요

	곰 Bear	곰		
	남자 Man	남자		
	엄마 Mommy	엄마		
	밥 Boiled rice	밥		
	입 Mouth	입		
	숲 Forest	숲		
	가방 Bag	가방		
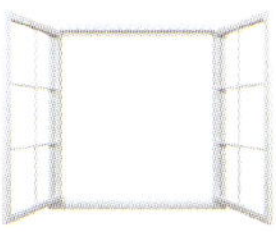	창문 Window	창문		

[종합연습 4]

1. 잘 듣고 알맞은 것을 고르세요.
Listen and choose the correct answer.

1) 곰 곤 궁
2) 단 달 담
3) 설 석 섯
4) 억 엇 언
5) 분 붐 붑

2. 잘 듣고 공통으로 들어갈 받침을 연결하세요.
Listen carefully and connect the common base.

1)	나 자	바 라	•	• ㄴ
2)	가 바	수 여	•	• ㄹ
3)	사 지	우 사	•	• ㅇ
4)	과 이	나 짜	•	• ㅁ
5)	바	이	•	• ㅂ

한글을 배워요

3. 잘 듣고 맞는 단어를 고른 후 쓰세요.

Listen carefully, choose the right word, and then write it.

〈보기〉 골 (곧) [곧]

1) 시장 신장 [ ][ ]

2) 갓 강 [ ]

3) 사진 사질 [ ][ ]

4) 달 담 [ ]

5) 과일 과인 [ ][ ]

4. 읽으세요.

Read the words.

한글을 배워요

5. 다음 단어를 읽고 받침의 소리가 같은 것끼리 쓰세요.

Read the following words and write them together with the same consonant sound.

사람	교실	사장	축구	빛	답
손	달	크림	무릎	마음	과일
수학	날씨	꽃	컵	책	맛
구름	고향	가격	히읗	엄마	침대
형	밤	문	숲	비옷	부엌

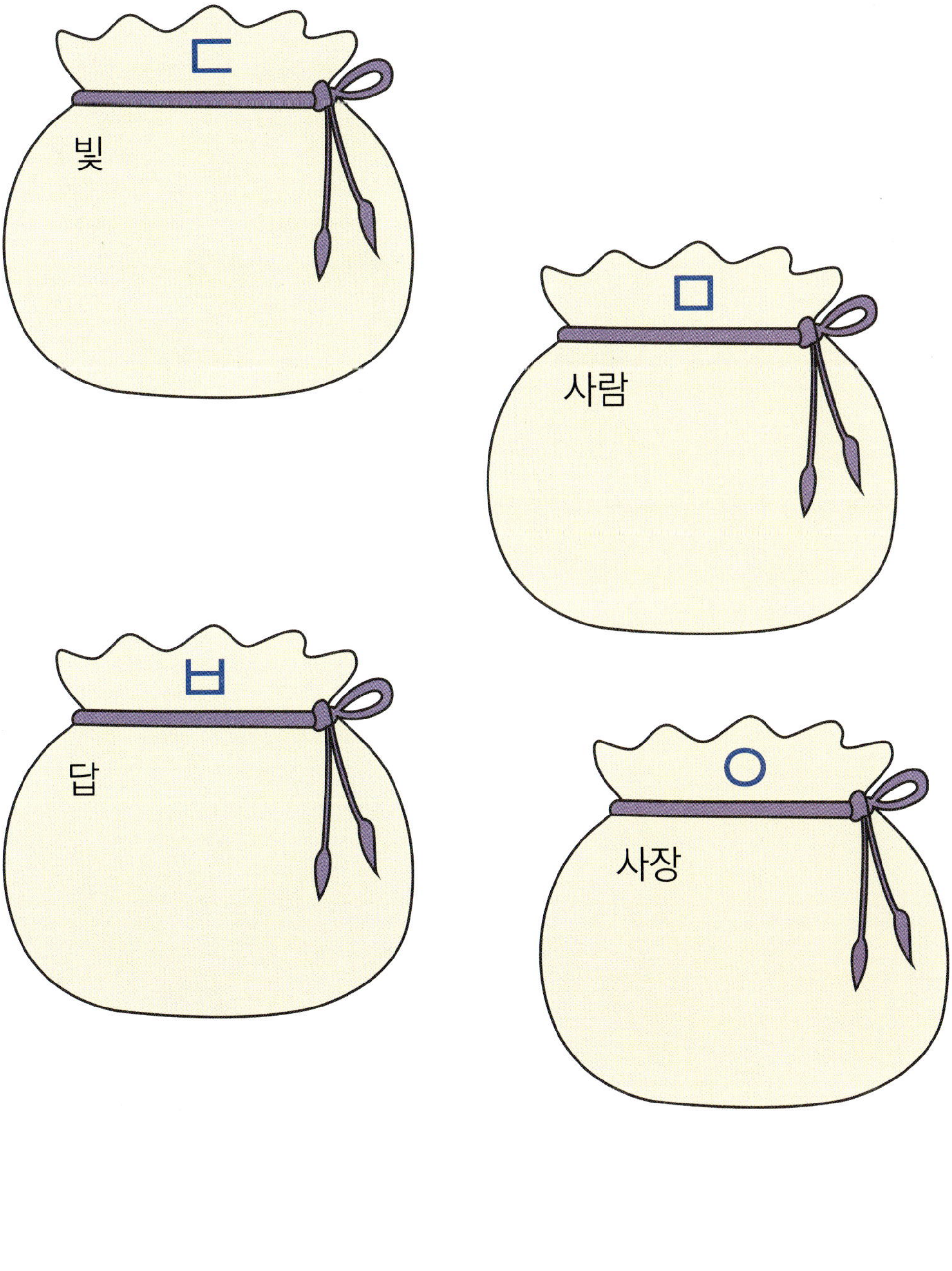
ㄷ
빛
ㅁ
사람
ㅂ
답
ㅇ
사장

한글을 배워요

다른 사람과 말해요.

Talk to other people.

감사합니다.
Thank you.
고마워요.
Thank you.

죄송합니다.
미안합니다.
I'm sorry.
괜찮아요.
It's okay.

실례합니다.
Excuse me.

실례합니다.
Excuse me.

한글을 배워요

교실에서 말해요.
Speak in the classroom.

수업 시간에 선생님이 말해요.
The teacher speaks in class.

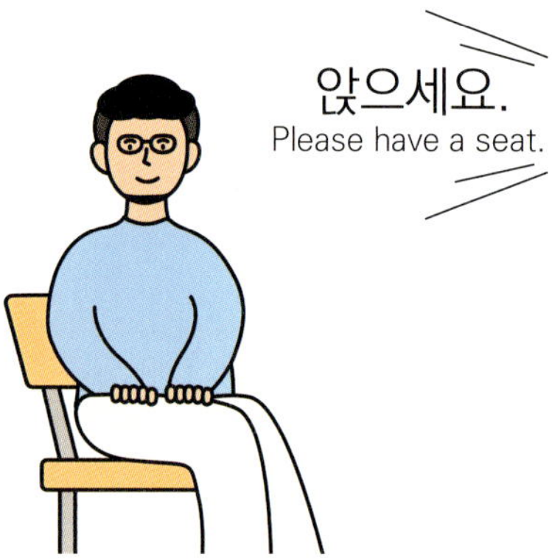

읽으세요.
Read.
쓰세요.
Write.
보세요.
Look.
쉬세요.
Take a rest.
친구와 이야기하세요.
Talk with your friend.
질문 있어요?
Do you have any questions?
네.
Yes.
아니요.
No.

모범 답안

1. 모음 1

[연습 4] p.18

1) 아　2) 으　3) 오　4) 어　5) 우　6) 이

[종합 연습 1] p.23

1. (예시) 고기 - 나무 - 나라 - 아이 - …

[종합 연습 2] p.33

1. (예시) 파티 - 토끼 - 우유 - 기차 - …

[종합 연습 3] p.39

1. 1) ○　2) ×　3) ×　4) ○

2.

돼지	스웨터	카메라	의자	회사	개	귀
6	4	3	1	7	2	5

3. 1) 애기　2) 호의　3) 가구
4) 취미　5) 어제　6) 세기

7. 받침

[연습 3] p.43

1) 간　2) 넡　3) 둠　4) 술　5) 잇

[종합 연습 4] p.49

1. 1) 곰　2) 달　3) 석　4) 얻　5) 붑

2.

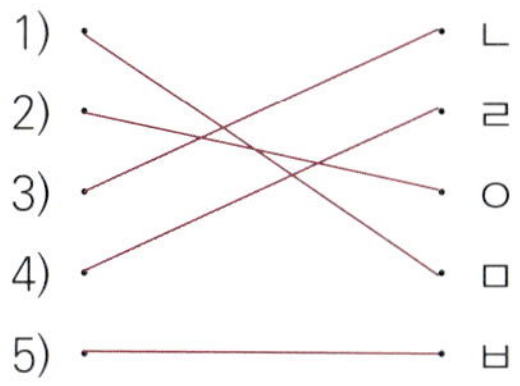

3. 1) 시장 2) 강 3) 사진 4) 담 5) 과일

5.

받침 소리	단어
[ㄱ]	축구, 수학, 책, 가격, 부엌
[ㄴ]	손, 문, 언어, 반
[ㄷ]	빛, 맛, 히읗, 비옷
[ㄹ]	교실, 달, 과일, 날씨,
[ㅁ]	사람, 크림, 마음, 구름, 침대
[ㅂ]	답, 무릎, 컵, 숲
[ㅇ]	사장, 고향, 형